JN437557

호수에 새겨진

새들의 발자국은

호수에 새겨진 새들의 발자국은

발행일 2017. 5. 15

글쓴이 이봉하
펴낸이 서영주
총편집 서영필
편집 손옥희 김정희 **디자인** 송진희
제작 김안순 **마케팅** 최기영 **인쇄** 영신사

펴낸곳 성바오로
출판등록 7-93호 1992. 10. 6
주소 서울특별시 강북구 오현로7길 20(미아동)
취급처 성바오로보급소
전화 944-8300, 986-1361
팩스 986-1365
통신판매 945-2972
E-mail bookclub@paolo.net
인터넷 서점 www.**paolo**.net
www.facebook.com/**stpaulskr**

값 10,000원
ISBN 978-89-8015-894-2
SSP 1046

이 도서의 국립중앙도서관 출판예정도서목록(CIP)은 서지정보유통지원시스템 홈페이지(http://seoji.nl.go.kr)와 국가자료공동목록시스템(http://www.nl.go.kr/kolisnet)에서 이용하실 수 있습니다. (CIP제어번호 : CIP2017010433)

호수에 새겨진

새들의 발자국은

이봉하 시집

시인의 말

산다는 것은
기쁨을 만들어 가는 것이라고 말하고 싶은
삼월의 아침이다
나 그 길을 걷고자 오늘도
지구촌 한가운데서
우주를 바라본다.

모든 것이
'고맙고 고마울 뿐이다'

2017년 봄
이봉하

차례

제2부

/ 제3부 /

/ 제 4 부 /

/ 서평 /

제1부

호수에 새겨진 새들의 발자국은 선명한데

떠난 자와 남은 자 사이에서
바람은 가고 싶은 데로 불고
지나온 마지막 발자국 소리가 언덕을 넘어가는데
호수를 적시는 빗방울은
나무 아래로 새들을 모으고 있다

자신의 검정 사진을 들고 가만가만 돌아보는
뽀얀 얼굴위로
국화 꽃잎들이 하나둘 내려앉아
길을 만들 때마다
인연의 발걸음은 강으로 흘러간다

꽃잎 감싸던 바람은 고개 위에서 숨을 고르고

언덕 위에 흩어진 꽃잎을 정리할 시간
호수를 적시던 빗방울은 하늘로 되돌아 가
새들의 발자국을 지우고 있다

가야 할 곳이 정해진 성과 속 그리고 생과 사
살아있는 향기가 흐르는 곳이 그 어디든
비는 내리고 해와 달이 서로를 그리워하고
무지개는 밤과 낮을 오가며
또 다른 발자국을 남기고 있다

*후배 수도자를 떠나보낸 후 쓴 시.

날개짓

주님,

제 영혼의 여백을 당신의 사랑으로 채워주소서

시 1

바람이 시를 쓴다
바다 위에서
산 위에서
모래언덕에서
바위에서
지나가면 사라지는 흔적을 담은

바람이 시를 쓴다
사람의 발자국에서
사람의 가슴에서
사람의 들숨 날숨에서
사람의 영혼에서
강하고 부드러운 성과 속의 여백을 담은

시 2

노을이 슬금슬금 다가오는 작은 마을

몇 세대를 거쳤을 정자나무

시간에 그을린 노부부 얼굴에서
지난 밤 못다 한 이야기를 담은
강이 흐르고 있다

막 뒤집은 논에서
개구리들이 청춘을 노래하는데

구럼비의 통곡

강정마을 중덕 해안가를 바라보며

내 등을 두드려다오
내 배를 두드려다오
아니
나를 두드려다오
하늘을 지나 우주까지 내 노랫소리 날아가도록

너 사람들이 있기 전에 하늘로부터 불림 받아
이 자리를 지켜 온 나
낮에는 하늘 향해 등을 내밀고
밤에는 파도에 배를 맡기며
너 사람들이 들을 수 없는 노래와
바람과 파도와 별과 달만이 볼 수 있는
용천수
너 사람들이 기쁘거나 힘들거나 아플 때

친구가 되고 사랑이 되어 주었었는데

나의 노랫소리가 너 사람들에게 해를 끼쳤던가?
나의 춤사위가 너 사람들이 걸어가는 길을
방해하고 미워하였던가?
오늘따라 눈물이 앞을 가려 하늘을 볼 수 없다
오늘따라 노래도 춤도 출 수가 없다
오늘따라 바닷물이 싱겁고 힘이 없다

저쪽 사람들은
내가 떠나가기를 원하는
이쪽 사람들은 내가 떠나는 것을 바라지 않는
싸움하는 것을 볼 때마다 미어지는 가슴
너 사람들이 잠잘 때

낮 동안 허리 아래 잠겨 있던 몸마저
너 사람들 곁으로 다가가
나 태어난 곳을 향해 통곡한다
나로 인해 사람들이 아프지 말기를
너 사람들의 마음에 더는 피나지 않기를

너 사람들의 갈라진 마음이 하나가 된다면
너 사람들의 찢어진 마음에 꽃이 필 수 있다면
너 사람들의 길 안에 용서가 싹 틀 수 있다면
너 사람들에게 나 흔적 없이 사라진다 하여도
나 기쁨의 잠을 청하고 싶다
나, 너 사람들을 위해 마지막 춤을 추고 싶다
그러니, 너! 사람들아!
행여 내가 이곳에서 지워지는 그 날

성당의 종을 마음껏 울려다오
내가 이 세상에서 마지막으로 듣고 싶은 노래요
너 사람들을 향하고 하늘 향한 사랑이니
나 아직 너 사람들과 마주하고 있을 때
나 아직 노래하고 너 사람들이 들을 수 있을 때
나 아직 춤추고 너 사람들이 춤을 볼 수 있을 때
마음껏
내 등과 배를 두드려다오
오늘을 지나 내일까지 나의 노래가
너 사람들의 마음에 오래도록 살아 있도록

되기 위하여

바다 끄트머리에 불빛 하나 일렁거린다
사람을 품어 안은
우주가 흔들릴 정도로

사람 하나 모래밭에 웅크리고 앉아 있다
파도는 파도를 말아먹으며
하얀 거품을 모래밭으로 게워내고 있는데
불빛과 사람 사이에 암흑 덩어리가 있다
걸어갈 수가 없다
헤엄을 칠 수가 없다
더 더구나 날아갈 수가 없다
사람들의 말장난으로 찢어진 심장의 흐느낌

하늘마저도 사람의 마음을 읽은 것일까

별 하나 내려 보내주지 않으려는지
지상의 불빛들이 저마다의 가면을 드러내며
별 흉내를 내고 있는데
모래 위에 찍힌 사람의 심장 안으로
차오르는 바다
세상의 흔적을 하나 둘 지워버린다

바다 끝머리에 불빛 하나가 깊은 침묵 속에서도
암흑을 서서히 빨아들인다
사람을 끌어안기 위해
쉼 없는 몸부림을 치면서
접힌 날개를 펴지 못하고
다가오지 못하는 사람의 별이 되기 위하여
그렇게

그렇게

밤이 죽어가도록

게워내기

심장에서 바닷물이 뚝 뚝 뚝

강릉 근처 오두막집에
나를 머문다

밤에는 파도 소리로 심장을 적시고

낮에는 파도를 게워내는 바다에 심장을 씻고

겁劫의 세월 동안 파도 소리에
살을 깎아내는 아픔에도
늘 같은 아픔의 반복이어야 하는
바위섬을 걸을 때마다
심장에서 흘러나와 온몸 구석구석
피부를 뚫고 나오는 지나간 생生의 소리
나를 형성形性했다는 것을 앎일 뿐이다

손목에 감긴 시간을 지워버리는
바람과 하나 되어
눈을 감았다 뜰 때마다 침묵을 갉아먹으며
심장을 파고드는
사람의 소리
사람의 그림자
… 가 어색하기만 한데
파도가 밀려올 때마다
순간 지구가 콱 멈춰 버릴 정도로
심장이 저리다

성과 속 사이를 오가며 내내 들이킨 바닷물들이
심장에서 뚝 뚝 뚝 떨어지는 것을
바라보고 바라보면서

나 오늘 오두막집을 떠나
먼 섬으로 가는 배
구석진 방에 앉아 지나간 시간을
한 올 한 올 바다 위로 게워내는데

사람의 그림자는

아직 그 자리에서 항상 젊음이다

스물아홉 번째 성탄

신앙도 없었다
종교도 몰랐다
그저 선물을 준다길래 예배당에 나갔을 뿐!

사촌 누나와 형들이 꼬셨다 교회에 나오면
학용품도 주고 사탕도 준다고
아무것도 몰라도 좋으니 나오기만 하라고

부활절을 딱 한 달을 앞두고 교회를 나가 찬송도 부르고 성경도 배우면서도 마음은 언제나 선물에 꽂혀 있었다 성탄절을 딱 두 달 앞두고 교회에 나가 찬송도 부르고 성경도 배우면서도 마음은 언제나 교회 밖에 가 있었다 하늘보다 땅에서 노는 것이 더 좋았던 코흘리개 시절 하루아침에 성경을 배우고 찬송가 부른다고 선물이 신앙을 이길 수는 없었는데, 머리에 싱싱한 지식이 조금씩 쌓여 가고 있던 이십대 초, 성탄절 전 어느 날! 오래전에 씨앗 하나 심어 놓으신 그분이 불같이 이끄셨다 예배당이 아닌 성당으로

〈이제 네가 잉태하여 아들을 낳을 터이니 그 이름을 예수라 하여라〉라는 말씀의 주인공을
내 안에 모시고 스물아홉 번째 맞이하는 성탄
이제는 땅보다 하늘에서 노는 것이 조금은 더 익숙해진 스물아홉 번째 준비하는 성탄
'알고 사는 것이 기쁨이다 살고 닮아 가는 것이 행복이다'라고 노래하는데

사는 방법은 달라도 그 누군가를 섬기는 세상

사람들

길을 간다

*〈 〉루가 1장 31절

수행자

비가 내릴 것 같은 날이면
비 내리는 날이면
어느 때는 백화점 입구 아래 계단 옆
어느 때는 지하철 개찰구 근처 계단 옆에
언제나 그가 있다

긴 머리를 가지런히 묶고
가부좌를 틀고
길고 짧은 우산을 경전 삼아
지나가는 사람들의 모습을 명상하듯
흔들림이 없다

간혹 사람들이 그를 깨운다
그러면 그는 손을 모으고

예수님을 부처님을 공자님을 부모님을 마주하듯
공손하고 부드럽다

사람들이 그 앞에서 머무는 시간은 찰나의 시간
밝은 미소를 머금고 종종걸음으로 사라지면
그는 다시 본래의 모습으로 돌아가
세상의 소리와 행동 앞에서도
흐트러짐이 없다

맑은 얼굴을 한 그가
비가 오기라도 한 날이면 어김없이 나타나지만
아무도 그가 어디서 와서
어디로 가는지 알고 싶어 하지 않는다
오직 그만이 지나온 길을 알고

가야 할 길을 알고 있을 뿐

불과 물의 씨앗

어떤 혀는 말하기를 좋아하고
어떤 혀는 노래하기를 좋아하고
어떤 혀는 침묵하기를 좋아하고

어떤 혀는 칭찬을 잘하고
어떤 혀는 욕을 잘하고
어떤 혀는 늘 긍정적이고
어떤 혀는 늘 부정적이고

어떤 혀는 짧으면서도 긴말을 하고
어떤 혀는 길면서도 짧은 말을 하고
어떤 혀는 우물 안에서 놀고
어떤 혀는 우주에서 놀고

하나이면서도 열 개를 이야기하고
열 개 이면서도 하나를 이야기 하는 너
그 무엇에 앞서 하늘과 땅을 노래하렴

사람이기에
살아 있기에
말하고 노래하고 침묵하고 욕하고 칭찬할 수
있을 때

숨 1

길을 가다 보면
길 위에서도
길 아래에서도
수많은 생명들이
사랑하고 용서하고 이해하고 보듬기도 하지만
시기하고 질투하고 짜증 내면서
상처 주고 죽이기도… 그리고 다시
일어나 아무런 일 없다는 듯이 사랑하고
살아가고 있다는 것을

길을 돌아보면
아무것도 아닌 것을
쉬이 지나갈 것을
아웅다웅 으르렁 우당탕탕

지지고 볶고
싸우고 싸웠다는 것을
알면서도 쉬이 고쳐지지 않았다는 것을

길을 걷다보니
지나간 길 보다
걸어가야 할 길이 얼마인지 모르지만
설레고 아름답다는 것을 알 수 있는데
코앞에서 일어나는 일만 바라보며
말하고 움직였다는 것을

길을 가다 돌아보고 앞을 보면
한낮이 되도록 잘 보이지 않던 수많은 생명들
해거름에야 알고 느끼고 볼 수 있는 것만으로도

이 시간 숨을 쉬고 있다는 것만으로도

기쁨이고 행복이어야 하지 않을까?

성도聖道

바람이 바람을 밟고 산을 올라
하늘을 보고
구름 한번 휘젓더니 길을 만들며 간다

바람은 바람을 업고 산을 내려와
땅을 한번 쓰다듬더니
사람들에게 다가가 함께 길을 간다

영원한 우리들의 연인

소금강

겁의 세월 동안
그 자리에 있어 주셔서 고맙습니다

겁의 세월 동안
생명을 품어 주셔서 고맙습니다

겁의 세월 동안
위에서 아래로, 아래서 위로
흘러 주셔서 고맙습니다

아득히 보이는 형님 금강산을 닮아
어쩌면 그리도 멋지신지 참으로 고맙습니다

겁의 세월을 지켜 오셨듯이

겁의 세월을 지켜 주십시오 그리하여
우리 선조들이 그러하셨듯이
우리 후손들도 생명을 낳고 키우며
노래하게 하소서
춤추게 하소서

아! 소금강
영원한 우리들의 연인

여백

서 있거나 앉아있거나
앞뒤 좌우 위아래를 보고
정적이거나 동적일지라도
바람이 오가고
사람이 숨 쉬는 길목 앞에서
살아있는 모든 것은 여백이다

묵주알을 굴리는 손가락 사이사이 모든 것
지구 밖에 있는 모든 것
사이사이에 머무는 잠시의 것들도
모두가 여백이다

아직 가보진 않았지만
그곳은 이승보다

여백이 더 많을 것 같은 오늘
사람이 간직하고
하늘과 땅이 간직한 여백 사이에서
내 안깃 여백의 깃털 하나를 털어낸다

행복

2016. 3. 19. 서원 25주년에

걸어 온 길 뒤돌아보니
대문 안이었어라

걸어 온 길 뒤돌아보니
곳간마다 은총과 감사이었어라

걸어 온 길 뒤돌아보니
하늘과 땅 사이에서 한 줌의 바람이었어라

걸어 온 길 뒤돌아보니
바람 따라 님 향한 춤꾼이었어라

걸어 온 길 뒤돌아보니
그분이 나를 업고 걸어 온 길이었어라

걸어 온 길 뒤돌아보니
내 살 곳은 오직 그분이었어라

아!
걸어오고 걸어 온 길, 나 이제 내려놓고
'이제는 내가 사는 것이 아니라
그분이 내안에서 사시도록'
밤을 일으키리라
낮을 일으키리라

그리하여
걸어 온 길보다 걸어야 할 길이
참 사막이요 참 고독일지라도
복음을 위해

임을 위해

신발 끈을 다시 묶고

허리띠를 더 조여 매리라

흔적

팔순이 넘은 엄마의 가슴에는
깡마른 새 두 마리가 살고 있다

검은 부리를 꽉 다문

식지 않는 병病

시를 쓰고 싶어 시작한 것이 아니다

그해 여름
경기도 여주 도전리 수녀원에서 대피정을 하는데
마른하늘에 소나기 쏟아지듯
가슴속에서 흐르던 글자들이 터져 나왔다

문학이 무엇인지
시가 무엇인지 자신 안에서 정립이 되지 않은 채
숱한 시간을 원고지를 갉아먹었다
얼마나 많은 원고지를 갉아먹었는지
가는 곳마다 적당히 배가 나온
망아지처럼 이리 뛰고 저리 뛰고

내리막이 있으면 오르막이 있는 법
마냥 즐거운 것이 아니었다
진저리가 날 정도로 글 쓰는 것이 싫었고
수도자라는 정체성이 갈대처럼 흔들릴 때
더는 글을 쓰지 않겠다고
써 놓은 원고지를 불사르고 있는데
아궁이 속에서 글들이 살아 움직이고 있었다
'제발 버리지 말고 살려 달라고'
허겁지겁 부지깽이로 원고지를 꺼냈지만
재가 되어가는 원고지 속에서 지워지지 않은
글자 몇 개만 건졌을 뿐이다

그래 다시 시작이다
수도생활도

글 쓰는 일도
밤마다 총총한 머릿속에서
정제되지 않은 글씨체들이 머리카락 부여잡고
나오려는지 머리통이 가렵다

염병할 또 다시 병이 도지나보다

갤러리에서

아무거나 다 해도 좋을 넉넉한 호수
시가 흐른다

바람 앞에서 자랑하는 호수의 날개
날아오를 때마다 지워지는 새들의 앞서간 시간
물결 따라 까치발로 하늘 보는 고기들
호수를 안아 올리는 갈대들을 위한
아름답고 멋있는

빛과 어둠에 그을린 사람들을 용서하는 이들의
가슴을 보여주는
반복되는 일상 안에서 쏟아진 비 맞고
울고 있는 이들을 안아주는
가도 가도 끝없는 길 가는 이들의 발을 씻어 주는

놓고 가야 할 길 앞에서
손 놓지 못하는 이들의 손을 잡아주는
어른들의 뒷모습에서
지나가는 어린 시절을 찾아주는, 그런

시, 쓰고 싶다

물 위에 새겨진 새들의 발자국처럼
호수만이 느끼고
기억해주는 찰나의

무엇이나 다 쏟아내도 침묵하는 호숫가
시를 담다

제2부

어머니 마리아

세상에서 가장 흔한 이름 마리아
세상에서 가장 아름다운 이름 마리아
세상에서 가장 약한 이름 마리아
세상에서 가장 강한 이름 마리아

세상에서 가장 작은 어머니 마리아
세상에서 가장 큰 어머니 마리아
세상에서 가장 큰 고통의 어머니 마리아
세상에서 가장 큰 기쁨의 어머니 마리아

아!
어머니 마리아 성모 마리아
하늘과 땅의 어머니 마리아시여

하늘과 땅 사이에 있는 저희의 시간 안에서
사월과 오월 사이에 벌어진 참다운 시간 안에서
사람들이 피눈물을 흘리면서 부르짖는 소리를
가장 큰 가슴으로 들으시고
함께 아파하신 어머니 마리아시여
스승 예수님과 사람 사이에서 무지개로 계신
마리아 어머니께 기도하고 기도합니다

작금의 시간 속에서 가족을 잃고 큰 시름에 젖어 있는 세월호 참사 유가족을 당신의 가장 큰 성심으로 안아주시고 함께하여 주십시오
세월호 참사로 생과 사를 넘어 다시 서 있는 이들을 당신의 가장 큰 사랑으로 안아주시고 치유될 수 있도록 스승 예수님께 청하여 주십시

오 그리하여 하루속히 지옥 같은 악몽에서 일어나 어제보다는 나은 마음으로 설 수 있도록,
어제보다 더 나은 세상을 건설하는데 밑거름이 될 수 있도록
그들을 아니 우리 가족들을 안아주시고 도와주십시오

세상에서 가장 흔하면서도 가장 아름다운 이름
마리아 어머니시여
세상에서 가장 약하면서도 가장 강한 이름
마리아 어머니시여

세상에서 가장 작지만 가장 큰
어머니 마리아시여

세상에서 가장 큰 고통을 겪으셨지만
세상에서 가장 큰 기쁨을 세상에 주신
어머니 마리아시여

하늘과 땅 사이를 이어주는 무지개 같은
어머니 마리아시여

스승 예수님과 사람 사이를 이어주는 강한 매듭
어머니 마리아시여

사랑합니다

바람이로다

바람이로다
바람이로다
하나는 속의 바람
하나는 성의 바람
앞서거니 뒤서거니

바람이로다
바람이로다
어제도 불더니
오늘도 불어오니
흔들리는 것은 사람!

바람이로다
바람이로다

세상과 우주를 안아주고 품어주는

이승과 저승을 이어주고 풀어주는

낮과 밤을 빛과 어둠을 이야기할 줄 아는

바람이로다

바람이로다

그 누구도 발을 묶을 수 없는

사랑과 용서의 주인이어라

신은 죽었다 1

마지막 숨을 쉬고 있는 니체의 방으로 들어갔다
새벽 두 시 반, 술 취한 골목길은 책장을 넘기고
고양이 한 마리가 달을 보고 욕을 하는데 영구
차 한대가 귀속에서 빠져나간다 그 뒤를 여인의
까칠한 울음소리가 일어나 도시를 흔든다
달이 삼켜 버린 도시의 뱃가죽은 늘어질 대로
늘어져 까마귀들의 밥이 되어 가고 있고, 고양
이에게 쫓겨 신발을 잃어버린 사람들은 달려오
는 열차를 타려는 듯 문 닫힌 플랫홈의 열쇠꾸
러미를 어둠의 강가에서 찾고 있다
니체의 다락방에서 흘러나온 어둠은 반사되어
짙은 안개 속에서 몸부림치고, 그의 장신구로
가득한 서랍 속에서 문을 열고 일어나는 원시
적 목소리는 발 빠르게 태양 너머 이승에서 잠

자는 수많은 영혼을 일깨운다
반쯤 열린 벽시계 안에서 묵은 바람이 흔들린다 오랜만에 니체가 일어나 파이프에 불을 붙인다 회색빛으로 타오르는 그의 얼굴에서 신을 부르는 노랫소리는 나체바람으로 잠자는 도시 안으로 걸어가 술을 마시며 여인을 찾는다
벽에 드리워진 잠자는 하얀 밤을 안고 누웠던 니체가 춤을 춘다 고양이들이 창가에 앉아 그의 행동 하나하나를 기록하며 어둠의 자식들이 섬기는 신의 책에다 침을 뱉는다 수치심으로 얼룩진 책 속에서 죄수 복장을 한 젊은 니체가 교회의 탑을 바라보며 독수리를 부른다 종탑에 걸린 깃발에서 가벼이 빠져나온 붉은 머리의 독수리들이 포도주잔을 높이 들고 거친 숨

을 몰아쉬고 있는 그의 헝클어진 머릿속에 알
을 낳는다
독수리들의 알을 부화시키는 고양이들을 바라
보며 비웃음을 보내던 그림 속 병사들이 밤의
신을 찬양하며 자신들이 휘두르는 채찍 끝에서
들려오는 종소리에 맞춰 니체의 가슴에서 사그
라지는 빛을 따라 건배를 한다
또다시 신을 향해 울부짖는 니체의 그림자 주
위를 맴돌던 그의 제자들이 고개를 들고 니체
를 배신한다 제자들이 니체의 가슴을 판다 그
리고는 신을 향한 욥의 사랑보다 더 깊은 우물
에서 수천 년 동안 잠들어 있던 고양이들의 무
덤을 연다
열린 무덤 속으로 니체가 걸어간다 가는 호흡

으로 신의 이름을 부르며 자신이 쓰던 잉크로 채워진 골방에서 잠들어가는 니체의 몸에다 향유를 바르던 고양이들이 길고 긴 여행길을 떠나는 그를 단죄하기 위해 램프의 불을 밝힌다 고양이들이 자신의 장례를 치르는 것을 바라보던 니체, 빛으로부터 끈이 떨어진 자신의 몸을 벗어나 메마른 강가에서 배에 오르는데 그의 발아래서 웃고 울며 잠들었던 도시에서 어둠의 비늘이 벗겨지고 신을 찬양하는 새벽 종소리가 무덤 속 그의 가슴을 울리고 울린다

니체의 방에서 나와 고양이 집으로 들어갔다
니체가 앉아 있다
그가 입을 열었다

변함이 없는 신에 대한 사랑을 노래한다
그의 가슴에서 뜨거운 태양이 솟아오르고 있다

신은 죽었다 2

사랑하는 사람이 떠난 저녁

십자나무 아래 서있던 나는
아무 말도 할 수 없었다

그날 니체의 슬픔이

오늘 나의 것이 되었는지…

나무껍질 속에 벌레들이 산다 1

한적한 마을에 들어갔다
코흘리개 아이들부터
허리가 구부러진 어르신들까지
사이를 지나는 나를 경계한다

한 팔에 안길 정도 크기의 나무 앞에 섰다
그의 얼굴에서는 바람의 자국이 찍혀있고
가랑비에도 떨어질 것 같은 마른 피부들이
군데군데 일어나있다

마른 피부를 살며시 잡아당겨 본다
고집이 있다
그 사이에서 벌레 한 마리가 나를 보고 놀랐는지
내밀었던 고개를 집어넣는다

미안한 마음 있어 나무 뒤로 숨었다

마른 피부 사이사이에서 소리가 들린다
좀 더 가까이 귀를 대 본다
잠자며 새근거리는 어린아이들의 숨소리다
뿌리와 가지사이를 오가며
자장가를 부르는 물소리이다
내 눈도 잠긴다

아이들 떠드는 소리에 귀를 열었다
아이들의 발자국 소리가 마른 피부를 건드렸는지
따 아 악!
소리와 함께 조각하나 땅으로 떨어진다

생살이 보이는 마른 피부가 머물다간 그 자리를
가만가만 다가가는 아이들 얼굴에
붉은 꽃이 피어있다

나무껍질 속에
벌레들이 산다 2

내 나이
어느덧
가을을 코앞에 두고 있다

시간이 지날수록 온몸이 무겁고 가렵다
무엇인가가 내 안에서 활개를 친다
틈만 나면 살을 찢고 나올 것 같다

나를 뒤집어 본다
물구나무를 서 본다
물속에 담가본다, 그러나 보이는 것이 없다

깊은 밤 물 한 그릇 떠 놓고
나무속으로 들어간다

보인다

있다

가득 있다

진드기 벼룩 파리 바퀴벌레 배짱이 참새 양 소

돼지 뱀 독수리 늑대 여우 곰 호랑이…

돈 명예 권력 거짓말 미움 질투 화 쾌락 분노

과욕 분열…

지혜 절제 온유 용서 사랑 친절 슬기 통달 의견

지식 굳셈 효경…

그물이 필요하다

도끼가 필요하다

불이 필요하다

박 선생과의 인연

시인 박영근 선생과 인연은 그리 깊지 않았음에도 불구하고 그분은 깊은 인상을 심어 주었다

하루는 강의를 듣고 동문들과 밥을 먹고 있는데 그분이 오셨다 어디서 한잔을 했는지 얼굴엔 이미 해당화가 피어있었다 이런저런 이야기를 나누는데 박 선생이 질문을 던졌다 “수사님은 사랑이 무엇이라 생각하십니까?”
느닷없는 질문에 당황한 나는 잠시 묵상을 한 다음 “사랑요? 아직 저도 모르겠습니다 저에게도 신비입니다”라고 대답을 했다
얼마간 침묵이 흘렀을까, 느닷없이 그분이 무릎을 꿇고 “수사님 존경합니다”라고 하면서 손을 꽉 잡는 것이었다 얼마나 부끄럽던지…

그분이 병중에 영면하셨다는 소식을 받고도 달려가지 못했고 아직 국화꽃 한 송이 올리지 못한 이유 중의 하나는 그분은 사랑을 만나셨겠지만 나는 아직도 사랑을 찾고 있기 때문이리라

인연

강나루를 세차게

두두두

드드드

리리리

는 가을비

살아생전 비를 좋아하고
사람과 술을 사랑했던
중절모를 즐겨 쓰던 형이 오려는지…

보시니 참 좋았다

가로등과 가로등 사이
어둑한 언덕길
누군가 비틀거리며 올라온다

젊은 남녀다
하나는 업혀있고
하나는 업고 있는

어디서부터 오는지
어디로 가는지
아무도 모른다

다만 짐작컨대
저 가슴

저 등짝은 용광로보다 더 뜨겁겠다

읽던 책 커피잔 내려놓고
어둠을 뚫고 가는 그들
보시니 참 좋았다

다방에서 1

오늘은
혼자다

건너편에 있는
사람도
혼자다

잔 속에 담긴 검은 강
넓고
깊다

다방에서 2

오가는 사람들의 표정을 담은
잔 속에서 검은 파도가 일어났다 앉는다

무표정으로 내리는 빗방울은 점점 커져
사람들 사이에 놓인 공간을 가득 채우는데
오늘도 자리 하나를 빌려
점점 줄어드는 잔 속에서 식어가는
누군가의 땀방울을 바라본다

아주 먼 곳에서 내 곁의 사람들을 위해
뜨거운 태양과 먼지와 바람을 가슴으로 부딪히며
땅을 밟고 있는 그들 위해
아베 마리아를 불러본다

차갑고 뜨거운 커피의 여운
케이크 앞에서 노래하는 아이들
이어폰을 끼고 창밖을 바라보는 무표정 사람들
몇 시간째 컴퓨터 자판을 두드리는 사람들
듣는 사람은 생각하지도 않고 흐르는 젊은 음악

비워진 잔 속에서
지구 반대편 작은 부모의 아이들이
빵조각을 가슴에 안고
집으로 돌아가는 발자국 소리가
나를 일으킨다

숨 2

버려져 조각난 거울 품속에서도
무지개 꿈을 꾸는 구름과
맑은 하늘이 있어 다행이다

숨 3

들숨 날숨으로 가득한 바다 한가운데서
나를 찾아 떠나는 길
내 안의 소리를 들어본다

침묵 속에서 울려 퍼지는 우주의 숨소리
긴 호흡으로 하늘땅을 돌고 돌아
사람으로 찾아와
생명이 되었으니, 나 오늘
가는 길에 드높은 산이 있어도
드넓은 바다가 있어도
숨을 가다듬고
오직 한 사랑만을 위해
춤추고 노래할 터

바다여, 나의 길을 묻지 말아다오
바다 위에 쏟아지는 별들이여,
내 안의 빛을 가로막지 말아다오
먼 훗날 그대들이 나를 아주 부러워 할 것이니
이 밤이 가기 전 새 생명 일어나 숨 쉬리니
나 이제 뱃머리에 몸을 맡기고 긴 호흡으로
바람을 일으켜 본다

머지않아 임 안에 닻 내리고
사람이 사람을 찾을 수도 볼 수도 갈 수도 없는
그곳으로 눈을 맞추고
바다의 거친 숨소리를 담아본다

곧, 오늘

언젠가 떠나야 할, 오늘
시간이 지나 아무도 기억하지 않는다 하여도
나 그곳에 살면서
집 떠나 건너오는 사람들에게
물 한잔 건네고 싶다

살기위해 떠난다

가끔 길을 가다 보면
머리를 깎고 모자를 쓰거나 아니면
민머리를 하고 있는 이들을 본다
그렇다고 회색 옷을 입었다거나
청아한 모습을 가지지 않은
보통 사람들과는 어딘가 좀 다른

그들의 몸과 마음에 쌓인
바윗덩어리 같은 무게를 잘 알 수는 없다
그들이 잠 설치고 먹고 마시는 일이
얼마나 큰 산이고 바다인줄 잘 알 수는 없다
그들이 지나온 길을 잘 알 수는 없지만 앞으로
남은 길이 얼마 안 남았다는 것은 조금은 알 수
는 있다

그들의 부모 형제나 아들딸이 받아들여야 할 고통의 깊이는 잘 알 수는 없지만 내 부모 형제 떠나간 그 날 감당할 수 없었던 고통을 통해 조금은 알 수는 있다
그들이 머지않아 약속된 시간을 잘 모른다 하여도 빈손으로 건너가야 할 또 다른 길이 얼마나 길고 험하고 오래인 줄 알 수는 없지만 어쩌면 빛을 볼 수 있는 작은 시간에 생각하고 두려워하고 준비할 것이라고 짐작하는 것밖에

나는 오늘도 그들 사이에서 먹고 마시고 노래하고 춤추면서 길을 걷고 있다 마치 그들이 받아들이고 이고 지고 가야 할 십자가가 그들만의 것이로 생각하면서

가끔 꿈길을 걷다 보면
평소에 생각하지도 만나본 적도 없는 사람들을 만나 이야기하고
어느 때는 드넓은 초원에서 놀기도 하고
종종 사람 사이를 어둡게 지나갔던 그들이 밝은 모습으로 손 내밀어 반겨 주었고
때로는 목구멍 위까지 차오른 검고 깊은 바다를 건너서 가파르고 험한 산길을 오르기도 하였지만 빛이 있었기에 꿈길 속에서도 곧바로 걸을 수 있었다는 것을 하늘을 볼 때마다 생각하고 체험한다

오늘도, 민머리에서 몇 가닥 자라다가 만 머리를 쓰다듬으며

짧은 호흡 속에서도 입고 있는 옷이 잘 맞지는 않지만 바람과 바다 앞에서 벗어버리고 건너가야 하는 그들을 작고 빈 가슴이지만 보듬어 주고 싶다
가진 것이 물병밖에 없지만 그들 안에 자리한 차갑고 메마른 사막에서 목마름이 없기를 바라는 마음으로 가득 채워 건네주고 싶다
바람에 부탁하여 그들을 검은색의 문이 아닌 밝은 빛으로 둘러싸인 성문까지 데려다주길 바라면서 마지막 벗이 되어 주라 전해 주고 싶다
온 세상을 향기로 채우고 하늘과 땅을 찬양하였던 흙냄새 가득한 사람의 향기를 그들이 가지고 갈 수 있을 만큼 안겨주고 싶다

그들이 가고 새로운 이들이 그 자리를 차지하는 그곳 앞에서 걸어 온 길 되돌아본다 가야 할 길 건너가야 할 길 땅이 아닌 하늘에서 찾아보고 바라본다 지금 묵고 있는 집이 내 것이 아니라는 것을 알고 있기에 기억하지 못하는 생의 첫날부터 터를 잡은 오직 한 사랑 품 안에다 영과 힘을 다해 집을 짓고 싶다

실수도 잦았고
죄도 짓고
크게 미워하고 쉽게 용서하지는 못했지만
사랑하고 나눠 준 것도 있었기에 그래도

걸어 온 길 뜨거웠다

감실 앞에서 1

바위 위에 집 짓고 사는 꽃들
낮 동안 하느님 바라본다

나무 위에 집 짓고 사는 새들
밤마다 하느님 꿈꾼다

하늘 위에 집 짓고 사는 사람들
영원히 하느님을 산다

감실 앞에서 2

보고 싶어요
듣고 싶어요
말하고 싶어요

성부 안에서
성자와 함께
성령을 통해서

꽃반지 끼고 놀던 어린 시절
아빠가 보여주고
엄마가 들려주었던 사랑 이야기

말씀을 먹고
성사를 즐기고

은총을 되새김질하면서

하늘 춤추는 천사들
성인성녀들이 찬미하는 노랫소리
보고 듣고 말하고 싶어요

눈 귀 입 열려있고
감실 앞에서
숨 쉬고 서 있을 때까지

성부
성자
성령께 영광

감실 앞에서 3

첫사랑 닮은

그대가 보내 준
네 잎 클로버
휴대폰 사진 방에 심어놓고
돌아오는 봄
꽃반지 만들어 끼워주고 싶어요

그대가 써 준
풋풋한 시편들
큰 심장에 새겨 놓고
오직 한 사랑 위한 사랑
만들어 노래하고 싶어요

그대가 보여 준
아름다운 마음씨

생명의 말씀 담긴 표지 안에 새겨
하늘 가는 그 날 우리 임께
보여 주고 싶어요

감실 앞에서 4

달빛 아래서 익어가는 포도주에 몸 맡기고
사람들이 울고 웃는 이 밤
말씀으로 심장을 덮고
우물가에서 춤추는 나비 허물을 벗는다

이슬 뿌리는 밤새들
물을 주소서
옷을 주소서
지팡이를 주소서 하는데

아직 두터운 밤
날개 접은 침묵 앞에서
문 닫은 새들 알을 낳고

달빛 뒤 건너 세상에서
이어지는 미사, 거리의 찬양
작은 사람 머무는 감실 앞에 호수 만들 때
얇아지는 밤, 바람이 크다

밤새 돋아 난 새살 위에 허리띠 졸라매고
뜨거운 심장 담긴 문 열어
어린이 어른 노인들
빛 앞으로 맞이한다

제3부

고개를 넘고 넘을 때마다

산을 오르다 보면

짊어진 가방보다

머리에 쓴 모자가

더 무거울 때가 있다

서로 다른 길 위에서

시간을 보니, 월피정 강의 때 전화가 들어왔고

시간을 보니, 산책을 하는데 전화가 들어왔고

시간을 보니, 기도를 하는데 문자가 들어오고

피정을 마치고 전화기에 찍힌
부재중 전화 5
문자 2

빈자리에 대한 답변으로 전화를 걸었다
반가운 목소리였지만 목소리가 점점 내려간다
하는 말마다 까칠한 형이 아프단다
아주 많이 아프단다

옆 사람은 손발이 되어주고 있단다
남아 있는 시간이 많이 없는 것 같단다
가슴에서 울컥 그가 올라온다
눈가에서 가랑비가 내린다
두 손을 모으고 마음을 모았다

빈자리에 대한 답변으로 전화를 드렸다
서로 오랜만이라 목소리가 점점 올라간다
기쁜 소식을 전하기 위해 전화를 하셨단다
오랜 기간 냉담을 하였는데 오늘 날짜로 종지
부를 찍고 싶어 성당에 나가 어색한 만남으로
고해성사를 하셨단다
가슴에서 기쁨이 솟는다
눈가에서 꽃이 피어난다

두 손을 모으고 마음을 모은다

하루에 두 가지 소식이 하늘과 땅이라니
한 사람은 땅을 떠날 준비를 하고 있고
한 사람은 하늘을 가슴에 다시 담아 내려오고

땅의 흐느낌
하늘의 웃음소리
…사이에서…
나 어디에 있는가?

물고기 날다

언제부터였을까?
고기들이 물속에서 살아가기 시작한 것이
모르긴 몰라도
강이 생기기 전
바다가 생기기 전
고기들은 뭍에서 걷기도 하고
창공을 날아다니며 즐겼을 것이다
그러다 뭍에 사람들이 많아지고
자기들보다 힘센 동물들이 많아지자
하느님께 기도하였을 것이다
자신들만의 공간을 만들어 달라고
이를 어여삐 보신 하느님께서
강과 바다를 만들어 주자
그들은 뭍을 떠나 강으로 바다로 들어간 것이다

뭍보다 많은 먹을거리가 강과 바다에 있고
뭍에서 날았듯이
강과 바닷속에서도 마음껏 날아다닐 수 있으니
그들은 더는 뭍을 그리워하지 않는다
뭍보다 더 넓은 강과 바다
뭍의 생활을 부러워할 이유가 없다
그러나
뭍이 온갖 쓰레기와 세균들로 오염되었듯이
강과 바다도 서서히 오염되고 있다는 것이
삶의 터전을 잃어버리고 있다는 것이
답답하고 슬플 뿐이다

다시는 뭍에서 날 수 없다
그러나

세상은 내일을 모르는 법
그들은 강과 바다에서 더는 살아갈 수 없을 때는
다시 기도를 올릴 것이다
우주에서 날 수 있도록 해 달라고…

먼 훗날 우리의 자식들은
우주 공간에서
물고기들이 날아다니는 것을 보고
우주선에서 낚시하면서 인생무상 일장춘몽을
노래할 것이다

병 속에 거미가 산다 1

언제부터 그가 그곳에 둥지를 틀었는지 아무도 모른다 가끔 아주 가끔 집을 나와 동네 몇 바퀴 돌면서 주운 돌을 팔아 얻은 동전 몇 개를 들고 구멍가게 문을 두드리는 것이 일상이 되어 버렸다 누구도 흉내 내고 싶지 않은 그의 거룩한 일상의 대가는 라면 한 봉지와 소주 한 병 그에게는 이것이 일용할 양식이다 스스로 얻은 만나이다

집안은 비어있다 남들처럼 이리저리 거미줄을 칠 필요가 없다 아니 치고 싶어도 뱃속에는 더 이상 거미줄이 없다 배고프면 동네를 한 바퀴 돌고 사람이 그리우면 눈을 감고 오래된 사다리를 거슬러 올라가 볼 뿐이다

(한 때는,
남들이 부러워할 정도로 번듯한 직장도 있었다
집에 들어가면 사랑하는 사람들이 있었다
밤새도록 술을 마실 친구들도 있었다
그러나 언제부터인가 거미줄처럼 인생이 얽히기 시작하자 모든 것이 그를 떠나갔다)
소주처럼 달콤한 오래된 계단에서 내려오기 싫다고 몸부림을 쳐 보지만 오늘도 어제처럼 하늘에 떠 있는 별들만이 병 속의 그를 슬픈 눈으로 바라볼 뿐 간혹 떨어지는 낙엽들도 그의 집을 외면한다

누구도 사랑할 수 없고 사랑하고 싶지 않은 거미 한 마리가 병 속을 돌고 있다 그러나 더욱

그를 힘들게 하는 것은 지나가던 갈바람도 배고픔도 그리움도 아니다 도시의 거미줄에 매여 있으면서도 매여 있다는 것을 알지 못하고 살아가야 할 그의 아이 또래의 아이들이 병을 이리저리 굴리고 다닐 때는 죽기보다 더 힘든 아픔이다

스스로 설 수 없고 그 누구도 일으켜 주지 않는 흙과 배를 맞대고 누워 있는 병 하나, 내일 비록 만나를 얻을 수 없다 하여도 그의 마지막 보루요 그의 집이다 아니 그의 마지막 사랑이다

병 속에 거미가 산다 2

전생의 시간표

햇볕에 그을려 어설프게 반짝이는 병 앞에서
어린 거미 한 마리가
신기한 듯 주위를 돈다

입구에서 들어갈 듯 말듯 망설이다 발 하나를
얹어본다
아무런 느낌이 없다
순간 바람이 그를 병 속으로 밀어 넣었다
저항할 수가 없다
탁한 공기, 숨을 잡아갈 것 같다
비웃음을 던지는 구석진 곳에 앉아 있는 이들
살려달라고 소리를 질러 본다
지나쳐가는 이들
이리저리 둘러봐도 나갈 수가 없다

힘을 다해 입구에 거미줄을 쳐 본다
소용이 없다
어디부터 꼬인 것일까?
전생에 무엇을 잘못하였기에 이 업보가 길을 막는단 말인가?
목이 마르다
콧물과 졸음이 쏟아진다
아무것도 보이지 않는 하늘

이미 다른 병속에서 그렇게 살고 있는 이들이 그러하듯이 거미가 거미 구실을 못하고 살아야 한다는 슬픔이 목젖에 쌓이는데 바람 소리와 함께 또 다른 거미 한 마리가 병 속으로 떨어진다

놓지 못하는 기억

아버지 기일을 지내러 형 집에 갔는데
이런저런 이야기를 하는데
형 친구의 어머니가 위중하시다는
소식을 전해주는데
아주 어린 시절 몇 번 뵙고
첫 서원 휴가 때 한번 뵈었던
그 어르신 모습이 스쳐 지나간다

거의 홀랑 벗은 아이들이 냇가에서 논다
외나무다리를 건너기 전에 가위바위보를 한다
한 아이가 먼저 가고
간격을 두고 아이들이 따른다
저편 끝 무렵에 다다른 아이가 휘청한다
이내 힘찬 물살에 떠내려간다

다리를 건너간

건너가려던 아이들이 울고 있는데

나는 친구의 집으로 달려 알려주고

친구의 엄마는 놀라 울며 냇가로 달려가는데

한참 거리에서 아빠가 뛰어 내려와 친구를

거꾸로 안아 올리는데

입에서는 물이 쏟아져 나온다

친구가 운다

친구 엄마가 웃으시며 운다

그 일이 있고 난 뒤, 친구의 엄마는

커다란 형형색색의 크레파스를 선물로 주셨는데

오래오래 그림을 그리며 놀았는데

그 덕분에 이제 그림도 조금은 그릴 줄 아는데

누워 계시는 곳이, 서 있는 곳이
지나온 시간만큼의 거리 같아
마음 한구석이 참 덥다

소문난 이야기

아버지는 목수이셨기에 집을 자주 비웠다 그래서 집안에는 늘 엄마와 우리 형제들만 오손도손 사는 경우가 많았다 하루는 늦은 밤 아버지가 오랜만에 오셨다 그것도 혼자가 아닌 발발이 한 마리를 자전거에 태우고 오셨다 엄마가 웬 강아지냐고 묻자 아버지는 웃으면서 '애들 선물'이라 하셨다 엄마도 좋아하시면서도 어떻게 강아지를 사 올 생각을 했냐고 되물으시자 아버지는 부탁받은 마을에서 집을 지었는데 그 중에 한 촌노의 집을 짓고 나니 그 집에 일 원 한 장 없더라는 것이었다

난감해하는 주인에게 "그럼 집 지어 준 값은 저 강아지로 대신하지요" 했더니 주인은 "좋아라" 하며 얼른 싸주더라는 것이었다 이야기를 들은

엄마는 어이없어하면서도 "역시 당신이네요!" 라고 말하는 것을 우리 형제들은 고스란히 간직하고 있다

두 분이 하늘로 올라 간 지 오랜 시간이 지났지만, 가끔 고향을 갈 때마다 중년을 넘긴 그 집을 한 더 보게 되고, 길을 가다가 그 강아지 자식의 자식 팔촌의 팔촌쯤 되어 보이는 발발이를 볼 때마다 '그냥 웃으시던' 아버지가 기억 속에서 부활한다

아버지

목수이셨던 아버지는 자주 집을 비웠다 어느 때는 일주일, 어느 때는 한 달 이상 그래서 집에는 늘 엄마와 함께 있는 시간이 많았다 위로 형 둘이 있었지만, 나이 차이가 크게 있어 그들의 존재감은 나에게 영향을 끼치지 않았지만 아래로 남동생과 여동생이 나이 차를 두고 태어난 것을 보면 참으로 신기하다 아버지가 자주 집에 계시지 않았는데도 불구하고…,

어느 해 여름인가 엄마는 마당에 멍석을 깔고 모깃불을 피워 놓고 나와 태어난 지 몇 개월 안 된 동생을 무릎에 누여놓고 옛날이야기를 참 많이도 해주셨다 엄마 무릎에 누워 있으면 하늘에서는 별들이 쏟아질 정도로 많고 많았다 이야기를 다 듣고 방에 들어가 있는데 대문이 열리면서 인기척이 났다 엄마는 “이 시간에 누구 왔나?” 하면서 방문을 여는 순간 사립문 근처에서 소리가 들린다 “밥 좀 주세요!” 엄마와 나는 너무 놀라 가만히 있는데 그 사람은 다시 한번 “밥 좀 주세요, 찬밥이라도 있으시면!” 하더니 고개를 숙이고 마루 근처에서 웃는다 아버지셨다 일하러 다니면서 타고 다녔던 자전거는 대문 밖에 두고 엄마를 놀려 주려고 일부러 목소리를 이상하게 하셨단다 아버지는 한참을 웃으시더니 과자 봉지를 꺼내며 나를 안아 주셨다

그날 밤 나는 엄마가 들려준 이야기 속의 도깨

비들이 나타나 과자를 빼앗아 갈까 봐 꼭 껴안고 잠을 잤던 연한 기억들…
요즘 하늘 창호지를 뚫으며 놀고 있는 어린 별들을 볼 때마다 단단한 기억은 그 날 되어 별들을 키우고 있다 오래전 하늘 정원 어딘가에 태어나 둥지를 틀었을 아버지별과 얼마 전에 아버지 둥지를 찾아갔을 엄마별과 형아 별을 생각하면서

기억 속의 삽화

사촌 형과 놀다 집으로 가는 길에
손목시계를 하나 주었는데
우리는 밤새도록 이불 속에서 시계를 분해하며
놀았는데

시계는 여린 콩잎만 한 손바닥에서 공중분해 되
어 울지도 못하고 저승 앞에서 떠돌고 있는데
그 시계 주인 그 길을 수차례 오가며
시계를 찾고 있다는 이야기를 들었는데
형과 나는 영원히 비밀을 지키자 했는데
지난 추석에 형을 만나 그때 기억 생각나느냐
물어보니 먼 산만 바라보는데
그 길 위에서
어린 녀석 둘이 시계를 들어보기도 하고

손목에 번갈아 차보면서
아지랑이 되어 지나가는데

오늘 비밀을 폭로하고야 말았으니
그 시계 구천을 떠돌지 않을 것 같고
주인은 이제 그 길을 더는 오가지 않을 것 같아
이 밤이 참 편하다

뜨거운 기억

중복과 말복 사이에서 땀을 흘리지 않는 것은 오직 바람뿐인 한낮, 지인들과 커피를 마시는데 창밖으로 젊음이 손잡고 길을 간다 이를 본 옆의 지인이 "오늘같이 더운 날 뭐가 좋다고 손을 잡을까? 손에 땀띠 나겠네!" 옆 옆의 지인이 거든다 "끌어안고 다니는 친구들도 있던데 좋은 때 아닌가요? 가다 보면 땀띠 나도록 손잡는 일이 줄어들겠지만!" 그때 그는 커피를 쪽! 소리 나도록 남김없이 마시더니 "나도 손바닥에 그런 땀띠 한번 나보았으면 좋겠네요"한다

그런 친구가 있었는데
그 친구와는 손 한번 잡아보지 않았는데
그 친구 엄마 되어 잘 살고 있다는데

몇 해 전 명동성당에서 만나 처음 악수 했는데

기억이 없다
그 친구 손이
예뻤는지 부드러웠는지 작았는지 컸는지
다행이다
기억하지 못하는 것이
바람이다
오직 한 사랑과 잡은 손에서 땀띠 나도록
살고 싶은 것이

톡톡 쏘는 기억

맑고 고운 날이다 또래의 아이들이 소꿉놀이한다 가위바위보를 하더니 한 아이는 엄마가 되고 한 아이는 아빠가 되고 나머지 몇몇은 또 다른 가족을 만들어 논다
집도 담장도 모두 막대기로 금그어 만들더니 엄마는 집에서 밥도 하고 떡도 만들고 반찬도 만드는데 아빠는 뒷짐 지고 이 집 저 집 다니며 웃고 떠든다 엄마가 밥 먹자고 부른다 아빠가 대문 열고 마당으로 들어와 한 바퀴 둘러보더니 마루에 앉아 밥 먹으며 반찬 투정을 한다 엄마는 투정하는 아빠에게 톡! 톡! 쏜다 그러더니 이내 "나, 엄마 안 할래!" 하며 집과 대문을 지우고 아이들에게 달려간다

그 아이들과 동창회에서 만났다
어린 시절 모습은 밑그림에 그려놓고 하나같이
서로 다른 그림을 가지고 자랑한다
아이들 자랑
마누라 자랑
… 이것저것 자랑하는데
자랑할 것이 없는 그는 인생드라마를 보는
소극장의 관객이다

집에 돌아와 기도하면서
오직 한 사랑에게 말씀드렸더니
"부럽더냐?!" 하신다

그날 밤, 그는 하늘 정원 아이들과

밤새도록 소꿉놀이도 하고 게임도 하면서

노는 꿈을 꾸었다는데

유혹

꽃들이 좋아하는 시간
지하철 안

몸매가 죽이는 한 사람이 툭 툭 친다
쳐다보자 여린 꽃잎을 날린다

(예수님 부처님 공자님
아버지 어머니
나보고 어찌하라고요!)

밤은 깊어 가는데
계절은 아직 산 너머 너머에서 씨 뿌리고 있는데
앉아있는 곳 푹푹 찌는 한여름 밤 열대야보다 더
덥고 땀이 난다

이른 고백

휴일에는 낮잠을 잘 때가 있다
길게는 한 시간 정도
짧게는 몇십 분 정도

어린 시절, 비를 맞고 돌아오는 날이면
나른한 몸을 가누지 못하고
아랫목에서 한숨 자고 나면
방향감을 잃어버리고
학교 가야 한다며
지각했다며 책가방을 둘러메고
집을 뛰어나가는 나를 보고 함박웃음을 지으시던

어머니께서 꿈속에서
나를 깨웠다

"아가 일어나야지
아가야 어서 일어나야지"

며칠 전 안부 전화를 했을 때와는
다른 젊은 목소리로

곧
떠나실 때가 되었는지

엄마

친구들과 놀고 있는데
엄마들이 머리마다 이고
손마다 보따리를 들고 온다
그중에 꼬마의 눈을 사로잡는 사람이 있다
양손에는 보따리를 들었지만
머리에는 아무것도 이지 않은

낯선 모습이다 어디서 많이 본 얼굴이다
참 예쁘다!
엄마다!
그런 그런데,
아침과는 다른 모습이다

꼬마가 달려가며 품에 안긴다

엄마가 웃으며
“엄마 파마했단다, 예쁘니?!”

엄마가 파마한 것을 처음 보았던 그 날
엄마가 선녀인지, 선녀가 엄마인지 너무 신이나
친구들에게 자랑하였다
“우리 엄마가 너희 엄마보다 더 예뻐
오늘 파마를 하셨거든!”

엄마 떠난 지 몇 년이 지난 오늘
아직도 백지를 간직하고 있는 수첩 속에서
파마머리에 미소 짓고 있는 사진을 보는데
아기 별똥 하나 실타래 풀며
푸른 기억 놓고 간다

그리움

엄마 아빠 자주 걷던 그 길
위에 있다

아빠가 짓고 엄마가 아끼던 작은 집
동생 나이다

엄마가 들려주던 어린 이야기
시 된다

엄마 아빠 닮은 형제들
나이 거기서 거기다

책상 위 사진 속 엄마 아빠
아직도 젊다

어제도 오늘도 내일도

그리움, 그리움이다

제4부

오이이이이잉

주일, 성령강림 대축일이다
대피정 중이라 강의를 듣고 있는데
창밖 밤나무 위에서 새가 논다
새들이 숨바꼭질을 하는지
이리저리 뛰어다닌다 조용하고 조용하다 이리
저리 뛰어다닌다

지도 신부님이 강의하다가
질문을 하자
새 한 마리가 오이이이이잉 한다

신부님이 강의하다가
또 질문을 던지자
이번에는

오잉으로 답한다

신부님이 강의하다가 창밖으로 질문을 던지자
이번에는 오이이이이잉
오이이이이잉 한다

수도자들이 웃자
새도 웃는다

강의를 하던 신부님이 한마디 던진다
"쟈가 성령을 제대로 받았나 봐요 그리고 요즘
새들도 강의를 자주 들어야 수준이 높아져요
다른 녀석들은 노느라 정신이 없는데 그래도
쟈는 수준이 있잖아요

제가 강의를 잘해서 그런 것도 있지만…"

강의가 마치기도 전에 흩어진 새들이 건넛산에서 소리소리 지르는 동안 이 녀석은 강의실 안을 쳐다보고 대답도 하고 고개를 갸우뚱거리기도 한다

신부님이 강의를 마치고 기도가 끝나자
이 녀석도
수도자들도 합창한다
오잉(아멘)
오이이이이잉(아~~~~~멘)

고거 참!

들어 온 애완용 토끼

첫날 첫 주간은 사료를 먹더니
이튿날 둘째 주간에는 토끼풀을 뜯더니
셋째 날 삼 주간에는 질경이를 껌 씹듯이 씹더니
한 달에서 이틀이 부족한 날에는
달달한 과자며 풀이며 사료를
빼드렁이를 드러내놓고 먹어 치우더니
오늘은 대나무 그늘에서
뒷다리로 땅을 파고 앞다리로 밀어내시더니
하안거를 준비하고 있다

고거 참!

도전리에서 1

도전리 수녀원에서 대피정을 하는데

성체조배를 하는데

마당에서 놀던 꽃들이 해를 바라보고 있는데

한 녀석이 성당 안을 훔쳐보고 있는데

지나가던 나비 한 마리
머리를 툭 치고 지나가며 던지는 말

"고 녀석
꽃 중의 꽃이로구나."

도전리에서 2

그 옛날 어느 성인은 길을 가다가 늑대를 만나
자마자 들고 있던 묵주를 보여 주며 "형제여 길
을 비켜주시게나"했더니
늑대는 아무런 반응도 없이 다른 길로 갔다는데

오늘 대피정 중에
묵주기도를 바치며 산을 오르는데
그리 길지 않은 뱀 한 마리가
길을 막고 있다

그 옛날 성인이 그러했던 것처럼
묵주를 보여 주며
"형제여 길을 비켜주시게나!" 했더니
오히려 눈을 부라리며 고개를 든다

그 녀석과 눈싸움을 하는 사이
생각 하나 지나간다
'그래 나는 성인이지만 아직 성인은 아니구나'

다음에 녀석을 또 만나면
성인을 팔아서라도 길을 가야겠다
'나 프란치스코 성인 알고 있거든!'

도전리에서 3

논둑길에서
풍뎅이 두 마리가 웃통을 벗어 던지고
씨름을 하고 있다

비켜달라는 말도 못한 그는
소인국에 도착한 거인처럼
구경만 하다 돌아왔다는데

도전리에서 4

도전리 수녀원에서 대피정을 하고 있는데
창문 밖에서 참새 몇 마리
잔디밭에서 왼쪽에서 오른쪽으로
무언가를 오독오독 씹어먹더니
싸리나무 가지에 앉아
부리를 쓱쓱 닦고 있다

아래 집 수돗가에서는 어린 녀석이 칫솔질하기
싫다며 할매에게
소리소리 지르고 있는데

도전리에서 길을 걷다

대피정을 하는 동안 저녁이면
묵주기도 바치며 길이란 길은 모두 찾아
산책을 한다

도전리는 여주에서도 산골이라
오가는 차들이 거의 없어
어둑한 길을 걸으며 기도하기에는 그만이다

묵주기도 몇 단을 바치고 있는데
소리가 있다
"사랑의 기로에 서서 슬픔을 갖지 말아요
어차피 헤어져야 할 거면
미련을 두지 말아요"

길을 가다 걸음을 멈추고
노래 불러 본다
“사랑의 기로에 서서 슬픔을 갖지 말아요”

노래가 끝날 무렵 반딧불이 하나
허공을 맴돌기 시작한다
그러더니 여기저기서 일어나
길을 간다

앞서거니 뒤서거니
반짝반짝 움직임에 맞춰
묵주기도도
길을 간다
멀리

높이

걷기 위해

가슴에는 언제나 그리움

숨소리가 곱지 않은
지하철
외진 곳

“워디냐?
…
벌써!
…
알았다!”

보따리를 들고
전화 받는 할머니의
양손에서
대나무 소리 들린다

또 다른 학생들

학생들이 수업을 마치고 집으로 돌아간 텅 빈
여주 도전리 초등학교 분교에서는
개미들이 시소도 타고
철봉에도 매달리고
미끄럼도 타고
씨름도 하고
교실로 달려가 책상 위에 올라가 금도 긋고
의자에 앉아 앞 녀석을 연필로 쿡쿡 찌르기도
한다

그래도 심심한지

선생님 의자에도 앉아보고
풍금 위에 올라가 건반도 두드려보고

칠판에다 그림도 그리고 낙서를 하고 지우더니
운동장으로 달려가 달이 뜰 때까지
그네 타며 놀다 집으로 간다

햇살 한 스푼*

수녀원에서 문지기를 하는 잘 생긴 견공께서
점심을 드시고 졸고 있는데
참새 몇 마리 날아와 식사를 하더니
그릇 위에서 몸을 흔들며 졸고 있다

창가에 앉아 묵주기도 바치던
노 수녀님 아지랑이 졸음을
쫓고 있다

*부천에 있는 지인의 가족 상담 센터.

황금 연휴

외숙모가 사는 마을 입구 정자나무 아래서
개미 몇 마리가 시원한 수박을 쪽쪽 빨아 먹더니
죽부인을 끌어안고 낮잠을 즐기고 있다

봄

새싹들이 정신없이
흔들고 있다

나를
땅을
하늘을
우주를

감추고 싶은 오월의 향기

잠시 스쳐 가는 인연인 줄 알았는데
이어지는 문자 소리에 온몸으로 일어나
맞이한다

휴대폰에서 흐르고 꽃피우는 계곡물과 초록들
맑은 하늘과 새소리와 나비들, 물소리가
여백을 채운다

밤은 깊어 가는데
꽃향기와 물소리는 가슴을 따라
시간이 넘어가는 고갯마루에서
숨을 고른다

여백을 채워가는 침묵 속에서 일어난 바람

곁에 앉는다, 때 이른 바람을 맞이한다
가까운 시간에 마신 커피가 사람의 구석구석을
두드려 깨우는데
멀리서 달려온 별 하나
풀어진 신발 끈을 여미고 있다

긴 걸음으로 떠나야 할 시간
성과 속의 여백 앞에 놓인 길을 바라본다
걸어 온 길
오월의 가시로 무장한 장미꽃 여정이었지만
또 하나의 인연이 사람을 흔든다 하여도
두렵지 않은 또 하나의 사랑이기에
여백을 열어둔다

도반

신발 소리 시끄럽다

허공에 찍힌 발자국 지우는 새 한 마리

가는 길이 고달픈가?

열린 문

등불을 켜야겠다

초롱초롱

화분에서 꽃피고 열매 만드는
블루베리 앞을 오가는 것은
해 구름 바람 나비 개미

조각시간 이어가는 길목
서로의 영역에서
개수 헤아리고 있는 새들을
쳐다보는 안경 낀 사람 하나의 눈
초롱초롱

시끄러운 골목
산다는 것은 바로 이런 것

망중한

솜털이 보송보송한 어린 녀석 둘
진한 커피 마시는 나를 쳐다보며
고개를 갸우뚱갸우뚱한다

아직 세상이 어떤 곳인지
희로애락을 맛보지 못한 것 같은데
다방을 기웃기웃하는 거 보니
어른의 세계가 궁금한가 보다

쏟아지는 아침 정오의 한낮
흙은 점점 달아오르는데
녀석들이 창가에서 사람들을 바라보는 눈길
호기심 가득하다

조금 식은 커피를 마시라 줄까
진한 아이스커피를 한잔 사서 줄까
들어 와 의자에 앉아 쉬라 할까
녀석들과 거리는 가깝고도 멀기만 하다

진한 커피 백 잔을 백일동안 마시면
인생의 쓴맛을 알겠지 하는 생각
녀석들의 발걸음처럼 빠르게 지나가는데
친구들이 부르는 소리에
훨훨 날아 건너편 나무에 앉아 재잘거린다

그 옛날 곰과 호랑이가 마늘과 쑥을 앞에 놓고
사람이 되고자 했었다는데
녀석들도 앞서간 이들에게 이 이야기를 들었다면

사람 옆에 앉아

찐한 커피 백 잔을 백일 동안 마시며

사람이 되고자 죽을 힘을 다할지도

사랑은

말 한마디에 산을 넘고 바다를 건너
설렘으로 발을 내려놓는데
파도가 밀어주는 모래에 묻히지 않으려
탐라 가슴으로 파고든다

언덕배기를 돌고 돌아
가난한 사진작가가 뽑아낸 하늘 땅 바람 생명
빛바래가는 액자 위에서 하늬바람 일으키고
선 따라 거닐었던 숲길에서 깨어난 나비 한 쌍
정녕 무희런가

가만가만 다가오다가도
거침없이 다가오는 속바람
거대한 폭포 앞에서 빙그르르 돌고 돌아

바다 위에 그려진
별들의 고향으로 자리를 옮긴다

이따금 거친 숨을 몰아쉬는
깊고 짙은 침묵 속에서 반짝이는 눈망울 하나
에 또 하나
흐르는 시간 앞에 모든 것을 내려놓으려는 듯
바다로 뛰어든다

어망을 던지고 바다에 몸을 맡긴
배들 위에 아련한 기억에 묻혀 있던
심연의 활화산
탐라의 저편
섬 하나 만들어 간다

영혼의 표정으로
현상하는 세계 그리고 시

허금주 (시인 · 문학박사)

1.

시가 태어난 이후 오늘까지 인류에게 나누어준 힘은 결코 저버릴 수 없이 큰 것임을 간과할 수 없다. 그런데도 시를 쓰는 일이 지위나 명예나 그 밖의 어떤 보상도 따르지 않으면서 처참한 고통의 작업인 것은 이 땅에서 시를 쓰는 시인들은 한결같이 느끼는 일이다.

일찍이 시인 윤동주가 "모든 죽어가는 것들을 사랑해야지"(「서시」)라고 했을 때 그 언술은 이미 불가능한 가능의 별로 은연중에 우리 가슴에 성좌星座를 틀어 놓았다. 우리가 영원히 헤아리며 살아갈 별들은 그렇게 우리의 속악함을 견제하고 아름다이 구속한다. 그것이 바로 별을 마주하며 더욱 넓고 깊게 눈 떠가는 일이 시 쓰기라면 오아시스를 간직한 사막의 모습과 다르지 않다.

일상적인 삶은 본질적인 물음 앞에서는 견디지 못한다. 물음을 던지지 않을 때만 일상성은 온전하다. 삶은 물을 것이 못 된다. 삶의 원적原籍, 그 신분을 물을라치면 삶은 죄지은 사람처럼 슬그머니 달아나 버린다. 삶은 물음을 구하지 않을 때만 우리 앞에서 확고하다. 삶을 묻고 삶에서 무엇인가를 구하는 자는 자기를 확연히 들여다본 자의 종말이 마침내는 죽음과 맞바꾸어야 하는 위험부담을 안고 있음에도, 종국에는 무無 앞에 내던져지기 마련임에도 삶을 묻고 또 구하는 것은 그 위험과 그 무無가 무엇인가 매력을 지니고 있기 때문이 아닐까. S.프로이트의 심리학이 일세를 풍미하고도 오히려 여세

등등한 것은 인간 속에 깊이를 모를 어둠의 심연이 있음을 그가 시사했기 때문이다. 어둠이 삶에의 위협임에도 불구하고 삶의 자각에 있어 절대적이라는 것, 존재의 뿌리라는 것이다. 어둠이 존재의 뿌리라면 우리가 어둠을 만나며 산다는 것은 뿌리를 얻으며 살아간다는 것을 의미할 수 있을 것이다.

이제 우리는 수도자인 이봉하 수사가 시인으로서 남겨 놓은 자화상이 걸려있는 방에 들어가 인생과 기도와 사랑과 시를 생각하게 될 것이다.

이봉하는 2002년 『문학세계』로 등단하여 『내 마음속의 바닷가』(2002), 『길 La strada』(2003), 『오두막집으로』(2004), 『나는 오늘도 바다를 휘젓고 싶다』(2004), 『마지막 단추를 잠그며 가을이 간다』(2006)를 상재한 바 있는 등단 15년에 접어든 시인이다. 이번의 신작 시 69편은 10여 년의 시간을 담아내면서 창작의 적지 않은 고통 "식지 않는 병病"을 엿보게 한다. 사실 필자에게 발신된 첫 e-메일에서 상당히 많은 분량의 시작품들이 정리되지 않은 채 넘어왔었다. 필자에 의해 단호하게 잘려나간 시편들이 "제발 버리지 말고 살려 달라고(「식지 않는 병病」)" 이봉하 시인에게 불면의 밤을 가져오게 할지도 모를 일이다. 2016년 3월 서원 25주년에 은혜로운 찬양 -「행복」- 을 올렸던 수사이신 이봉하 시인을 통해 그가 걸어 온 길이 어떻게 시속에서 구현되고 있는가를 살펴보기로 한다.

2.

이봉하는 시인으로서 등단하기 전에 1988년 성바오로 수도회에 입회하여 현재까지 믿음 깊은 신앙인으로서 "그분이 내 안에서 사시도록(「행복」)" 오직 한 사람만을 사랑하는 생활을 견지해 오고 있다. 그래서인지 이봉하 시인의 시에서 혈족적인 기표들, 혹은 그 대리 물인 기표들을 발견하게 된다.

호수, 바람, 새, 꽃, 별, 강, 바다, 어머니, 도전리 등으로 이어지는 기표들은 신앙적 기원으로 소급되는 신비한 끈이다. 나는 「호수에 새겨진 새들의 발자국은 선명한데」라는 작품이야말로 수도자이면서 시인으로서의 그 정체성을 알리는 시라고 보고 싶어진다. 함부로 말할 수 없는 슬픔의 내력이 그의 생애를 줄곧 지배해 왔음을 추적하게 한다.

떠난 자와 남은 자 사이에서
바람은 가고 싶은 데로 불고
지나온 마지막 발자국 소리가 언덕을 넘어가는데
호수를 적시는 빗방울은
나무 아래로 새들을 모으고 있다

자신의 검정 사진을 들고 가만가만 돌아보는
뽀얀 얼굴위로
국화 꽃잎들이 하나둘 내려앉아
길을 만들 때마다
인연의 발걸음은 강으로 흘러간다

꽃잎 감싸던 바람은 고개 위에서 숨을 고르고
언덕 위에 흩어진 꽃잎을 정리할 시간
호수를 적시던 빗방울은 하늘로 되돌아 가
새들의 발자국을 지우고 있다

가야 할 곳이 정해진 성과 속 그리고 생과 사
살아있는 향기가 흐르는 곳이 그 어디든
비는 내리고 해와 달이 서로를 그리워하고
무지개는 밤과 낮을 오가며
또 다른 발자국을 남기고 있다

-「호수에 새겨진 새들의 발자국은 선명한데」 전문

삶의 속악함과 비루함은 어느새 우리 목숨의 그윽한 그늘로 마름질 되지 않을까. 일찍이 선사들의 삶은 하늘을 나는 새처럼, 헤엄치는 물고기처럼 작용은 하지만 절대로 작용의 자취는 남기지 않는 것을 이상으로 삼았다. 하지만 남은 이에 의해 온갖 추측이 난무했다. 후배 수도자를 떠나 보낸 후 쓴 이 시는 "성과 속", "생과 사"의 소식을 전하는 새를 통해서 정신적 승화가 빚어낸 곡진함으로 우리의 정서를 물들인다. 깊은 호수가 간직한 심연의 침묵을 들여다보며 새는 천사 혹은 환상적 비상을 나타내는 존재로 시인의 영혼은 그 속에 후배 수도자와 함께 있는 것이다. 연장 선상에서 "물 위에 새겨진 새들의 발자국처럼/ 호수만이 느끼고/ 기억해주는, 찰나의 시// 무엇이나 다 쏟아내도 침묵하는 호숫가/ 시를 담다(「갤러리에서」)"를 눈여겨볼 수 있다. 이렇듯 이봉하 시인의 이력을 살펴보면 신앙의 십자가를 짊어지면서도 이끌고 왔던 심미적 세계가 "주님, 제 영혼의 여백을 당신의 사랑으로 채워주소서(「날개짓」)"를 비롯하여 「행복」에 이르러 그만의 정체성이 빛나는 서사로 완성된 것임을 알 수 있다.

걸어 온 길 뒤돌아보니

대문 안이었어라

걸어 온 길 뒤돌아보니
곳간마다 은총과 감사이었어라

걸어 온 길 뒤돌아보니
하늘과 땅 사이에서 한줌의 바람이었어라

걸어 온 길 뒤돌아보니
바람 따라 님 향한 춤꾼이었어라

걸어 온 길 뒤돌아보니
그분이 나를 업고 걸어온 길이었어라

걸어 온 길 뒤돌아보니
내 살 곳은 오직 그분이었어라

-「행복」부분

현실이란 언제나 행복을 앞지르는 고독과 황폐함을 지니고 있으므로 한 존재의 내면에서 융화되어 균형을 잡기란 절대 쉽지 않은 일이다. 따라서 이력에서 발견되는 성바오로 수도회 수도자로서의 요소와 그가 시로써 드러낸 심미성 사이에 벌어져 있는 틈을 어떻게 이해할 수 있는가를 생각해 보지 않을 수 없다. 당장 해결해야 하는 현실적인 직무의 문제에 지속해서 시달리다 보면 시에 대한 열정 또한 사그라지는 것이 자연스러운 일일지 모른다. 그런데도 이봉하는 왜 시쓰기를 결코 그만두지 않았는가.

물론 이 땅에는 신앙과 문학의 서로 다른 출발지점에서 고통에 시달리면서도 시작詩作을 포기하지 않았던 많은 시인이 있었다. 의문을 제기하기에 앞서 항상 용서가 먼저여야 하는 신앙과 언제까지고 반복되는 물음 앞에서 삶 전부가 곤핍으로 물들여져도 결코 중단하지 못하는 문학의 지점은 상극인 것이다. 이런 생각 끝에 나는 지극히 미적이고 신비한 체험이 동시에 겹쳐있는 체험 하나를 눈여겨보게 된다.

시를 쓰고 싶어 시작한 것이 아니다

그해 여름
경기도 여주 도전리 수녀원에서 대피정을 하는데
마른하늘에 소나기 쏟아지듯
가슴속에서 흐르던 글자들이 터져 나왔다

(중략)

내리막이 있으면 오르막이 있는 법
마냥 즐거운 것이 아니었다
진저리가 날 정도로 글 쓰는 것이 싫었고
수도자라는 정체성이 갈대처럼 흔들릴 때
더는 글을 쓰지 않겠다고
써 놓은 원고지를 불사르고 있는데
아궁이 속에서 글들이 살아 움직이고 있었다
'제발 버리지 말고 살려 달라고'
허겁지겁 부지깽이로 원고지를 꺼냈지만
재가 되어가는 원고지 속에서 지워지지 않은

글자 몇 개만 건졌을 뿐이다

-「식지 않는 병炳」부분

"아직 정제되지 않은 글씨체들이 머리카락 부여잡고/ 나오려는지 머리통이 가려운"「식지 않는 병炳」이 거느리는 고통의 이미지는 아름답고 신비하다. 특히 시를 쓰는 시인에게서는 어렵지 않게 볼 수 있는 공감대가 이봉하 수사를 통해 지극히 사적인 체험을 바탕으로 쓰인 표현이지만 수도자로서 공동체 생활 의무를 수행한 뒤에 여백의 시간에 시를 쓰는 이 대응방식은 "눈, 귀, 입 열려있고/ 감실 앞에서/ 숨 쉬고서 있을 때까지// 성부/ 성자/ 성령께 영광(「감실 앞에서 2」)"을 바치는 찬송으로, 다시 도지는 병炳, 시 쓰기로 앞으로도 계속될 것이다.

① 침묵 속에서 울려 퍼지는 우주의 숨소리

긴 호흡으로 하늘땅을 돌고 돌아

사람으로 찾아와

생명이 되었으니, 나 오늘
가는 길에 드높은 산이 있어도
드넓은 바다가 있어도
숨을 가다듬고
오직 한 사랑만을 위해
춤추고 노래할 터

-「숨 3」 부분

② 기억이 없다
그 친구 손이
예뻤는지 부드러웠는지 작았는지 컸는지
다행이다
기억하지 못하는 것이
바램이다
오직 한 사랑과 잡은 손에서 땀띠 나도록
살고 싶은 것이

-「뜨거운 기억」 부분

이번에 발표하는 이봉하 시인의 시적 정서의

흐름은 ① ②에서 알 수 있듯이 하느님으로 시작해 하느님으로, 기도로 시작해 기도로 끝나는, 하지만 더할 수 없이 충만한 존재로 살아가고자 하는 수도자로서의 소박한 본질적 삶이 삼투되어 있다. 전혀 환상이나 허영이 끼어들 여지가 없는 것이다. 모든 부수적인 것들 – 그 친구 손이 예뻤는지 부드러웠는지 작았는지 컸는지 – 은 떨어내고 본질적인 하느님 추구에만 몰두하는 수도자의 모습, 마치 나뭇잎들 다 떠나보낸 겨울 나목裸木 같기도 하다. 하여 진정한 수도자는 날마다 죽음을 눈앞에 두고 "나 어디에 있는가? (「서로 다른 길 앞에서」)"물음을 던지며 사는 수도자일 것이다. 죽음에 있어 환상은 말끔히 걷혀 "시끄러운 골목/ 산다는 것은 바로 이런 곳(「초롱초롱」)"의 삶이 하느님의 소중한 선물임을 깨닫게 하는 것이다. 「감실 앞에서 1」에서 화자의 자기 다짐 같은 것이 객관적 상관물인 꽃들, 새들, 사람들을 통해서 느껴지는 것도 이 때문이다.

바위 위에 집 짓고 사는 꽃들
낮 동안 하느님 바라본다

나무 위에 집 짓고 사는 새들
밤마다 하느님 꿈꾼다

하늘 위에 집 짓고 사는 사람들
영원히 하느님을 산다

–「감실 앞에서 1」 전문

감실 앞에 서면 영원의 삶과 현실의 삶을 이어주듯이 곧 오늘의 고도 소비사회에서 뷰티클럽을 찾아다니며 아름다움을 가꾸는. 일회성 미의 조건 앞에서 삶의 가치들을 "감실"을 통해 지켜주는 것이다.

3.

이봉하 시인은 영혼의 표정으로 현상하는 세계의 방식으로 시를 쓴다. 특히 이번 시집에 수

록한 69편의 시편 속에는 중학교 시절에 여읜 아버지를 비롯하여 2006년 상재한 시집으로부터 10여 년의 세월이 흐르는 동안 맞이해야 했던 어머니, 형에 대한 이별의 정서가 실존적 삶에서 어둠의 길을 따스하게 밝히는 내장된 빛의 입자로 작용하여 시의 또 다른 메타포가 되어 주고 있다.

① 아버지는 목수이셨기에 집을 자주 비웠다 (중략) 아버지는 부탁받은 마을에서 집을 지었는데 그중에 한 촌노의 집을 짓고 나니 그 집에 일원 한 장 없더라는 것 이었다. 난감해하는 주인에게 "그럼 집 지어 준 값은 저 강아지로 대신하지요." 했더니 주인은 "좋아라" 하며 얼른 싸주더라는 것이었다 이야기를 들은 엄마는 어이없어하면서도 "역시 당신이네요!"라고 말하는 것을 우리 형제들은 고스란히 간직하고 있다.

-「소문난 이야기」 부분

② 그날 밤 나는 엄마가 들려준 이야기 속의 도깨비들이 나타나 과자를 빼앗아 갈 까 봐 꼭 껴안고 잠을 잤던 연한 기억들…

요즘 하늘 창호지를 뚫으며 놀고 있는 어린 별들을 볼 때마다 단단한 기억은 그 날 되어 별들을 키우고 있다 오래전 하늘 정원 어딘가에 태어나 둥지를 틀었을

아버지별과 얼마 전에 아버지 둥지를 찾아갔을 엄마별과 형아 별을 생각하면서

-「아버지」부분

③ 엄마가 파마한 것을 처음 보았던 그 날

엄마가 선녀인지, 선녀가 엄마인지 너무 신이나

친구들에게 자랑하였다

"우리 엄마가 너희 엄마보다 더 예뻐

오늘 파마를 하셨거든!"

-「엄마」부분

④ 어린 시절, 비를 맞고 돌아오는 날이면

나른한 몸을 가누지 못하고
아랫목에서 한숨 자고 나면
방향감을 잃어버리고
학교 가야 한다며
지각했다며 책가방을 둘러메고
집을 뛰어나가는 나를 보고 함박웃음을 지으시던

-「이른 고백」 부분

우리가 여전히 시적 경험에 시선을 돌리는 까닭은 그러한 원리가 인간을 가장 근원적이고 궁극적인 관심으로 보편적인 공감대를 이끌어 갈 수 있기 때문이다. ① ② ③ ④에서 드러나는 어린 시절의 기억은 이제 지천명을 훌쩍 넘어 선 이봉하 시인에게 "우리 집(=수도원)에 홍매화가 피었어요."라는 어느 봄날의 말과 함께 돌아갈 수 없는 시공간에 대한 애틋함마저 여운으로 감돌게 한다. 결국, 우리는 "어제도, 오늘도, 내일도/ 그리움, 그리움이다(「그리움」)"라는 시적 언어와 함께 살얼음판 세상을 우리에게 가장 따뜻하고 포근했던 감각과 상상력으로 이 고독하고 쓸쓸한 삶의 길을 걸어갈 것이 아니겠는가. 삶의 순환성, 기억에 대한 인식은 이봉하가 모던한 방법론을 좇는 시인이 아니라 가장 고전적인 의미에서 "팔순이 넘은 엄마의 가슴에는/ 깡마른 새 두 마리가 살고 있었던(「흔적」)" 기억의 심층을 굴착하는 시인이 되게 한 것이다.

이번 여섯 번째 시집을 묶으면서 '세월호'로 상징되는 사회구조적인 약한 자의 슬픔을 치유하는 기도로써 「어머니 마리아」 시편이나, 제주 청정해역을 자랑하는 강정마을에 해군기지 건설로 인한 천혜자연의 파괴를 가슴 아파하는 「구럼비의 통곡」 시편은 아직도 우리가 시를 쓰고 읽는 것이 우리가 모두 경험했을 언어적 표현을 통해 세상을 견디게끔 해주기 때문이 아닐까 하고 생각하게 된다. 그러한 점에서 시인이란 현실을 재구성함으로써 단절과 상실의 시대를 견디게 해주는 사람일 것이다.

사실 이봉하 수사는 2017년 「나는 바오로인이다」라는 묵상 달력에 열두 달 그림을 그려 성바오로 출판사에서 펴낸 바 있는 시와 성화가 함께 가는 낮은 자세의 예술인이다. 아이패드에서 앱을 이용한 그림 그리기를 즐겨 하는 그가 물감의 농담 조정을 터치펜(=전자펜)으로 세밀하게 표현한 이 묵상 달력은 G.알베리오네 신부의 짧은 글과 함께여서 그리스도인의 월령가라 해도 좋을 듯싶다. 그의 다양한 재능이 오직 한 사람을 사랑하는 찬송과 찬양의 도구로써 아낌없이 쓰이고 있음은 어찌 보면 수도자로서 존재의 뿌리를 내리기 위해 필수적인 행위이다.

하지만 이쯤에서 시인으로서 등단한 뒤에는 모든 책임을 스스로 물어야 한다는 홀로서기에 대한 고견을 들려주지 않을 수 없다. 동서고금에 회자하는 명시가 있다면 아니 천하의 명문장치고 일필휘지로 단번에 쓰인 것은 없다. 따라서 일필의 우연을 바랄 것이 아니라 이필, 삼

필, 아니면 수백필을 하여서라도 "하나의 사물을 나타내는 데 적합한 말은 하나밖에 없다."는 프랑스의 유명한 소설가 G.폴로베르가 했던 일물일어설一物一語說을 항상 기억해야 할 것이다. 혹 영감이 찾아올지도 모르지만, 내공을 쌓는 훈련을 게을리해서는 안된다. 중국의 문장가 구양수는 초고를 문설주에 걸어 놓고 들며 나며 읽고 고치었고, 러시아 문장을 가장 아름답게 썼다는 Ivan.S.투르게네프는 어떤 작품이든지 초고를 서랍에 넣어두고 석 달에 한 번씩 꺼내보고 고쳤고, E.헤밍웨이는 『노인과 바다』를 수백 번 고쳐 썼다고 하지 않는가.

이번 시집 원고를 탈고하는 시점이 삼월인 점에 비추어 볼 때 눈에 띄는 한 편의 시가 있다.

새싹들이 정신없이
흔들고 있다

나를

땅을

하늘을

우주를

-「봄」전문

새싹을 틔워주는 뿌리의 힘을 가지기 위해서는 어떤 현실적 구속으로부터도 자유로울 수 있는 강한 영혼을 적극적으로 단련시켜야 한다. 강한 영혼으로의 단련은 곧 사랑과 아름다움에 대한 애착을 저버리지 않는 일이기도 한 것이다. 언제나 지금, 지상에서 가장 매혹적인 것을 담아내고자 생의 형식을 은유하는 쪽으로 전이해 가고 있는「사랑은」은 환상적이고 아름다운 연가를 간직한 아슬아슬한 삶의 깊이를 표현함으로써 살짝 눈을 흘겨보아도 이내 감미로움에 젖어 들게 한다. "어망을 던지고 바다에 몸을 맡긴/ 배들 위에 아련한 기억에 묻혀 있던/ 심연의 활화산/ 탐라의 저편/ 섬 하나 만들어 가"는 자리에 영혼을 적시는 생명을 가진 봄이 어떤 만발한 모습을 드러낼지 궁금해진다. 이봉하 시인이 일관되게 간구하고 기도하며 나아가는 한 사람을 향한 한 사랑은 그의 시가 지향하는 생명적 수분인 것에 인간적 신뢰를 하게 된다.